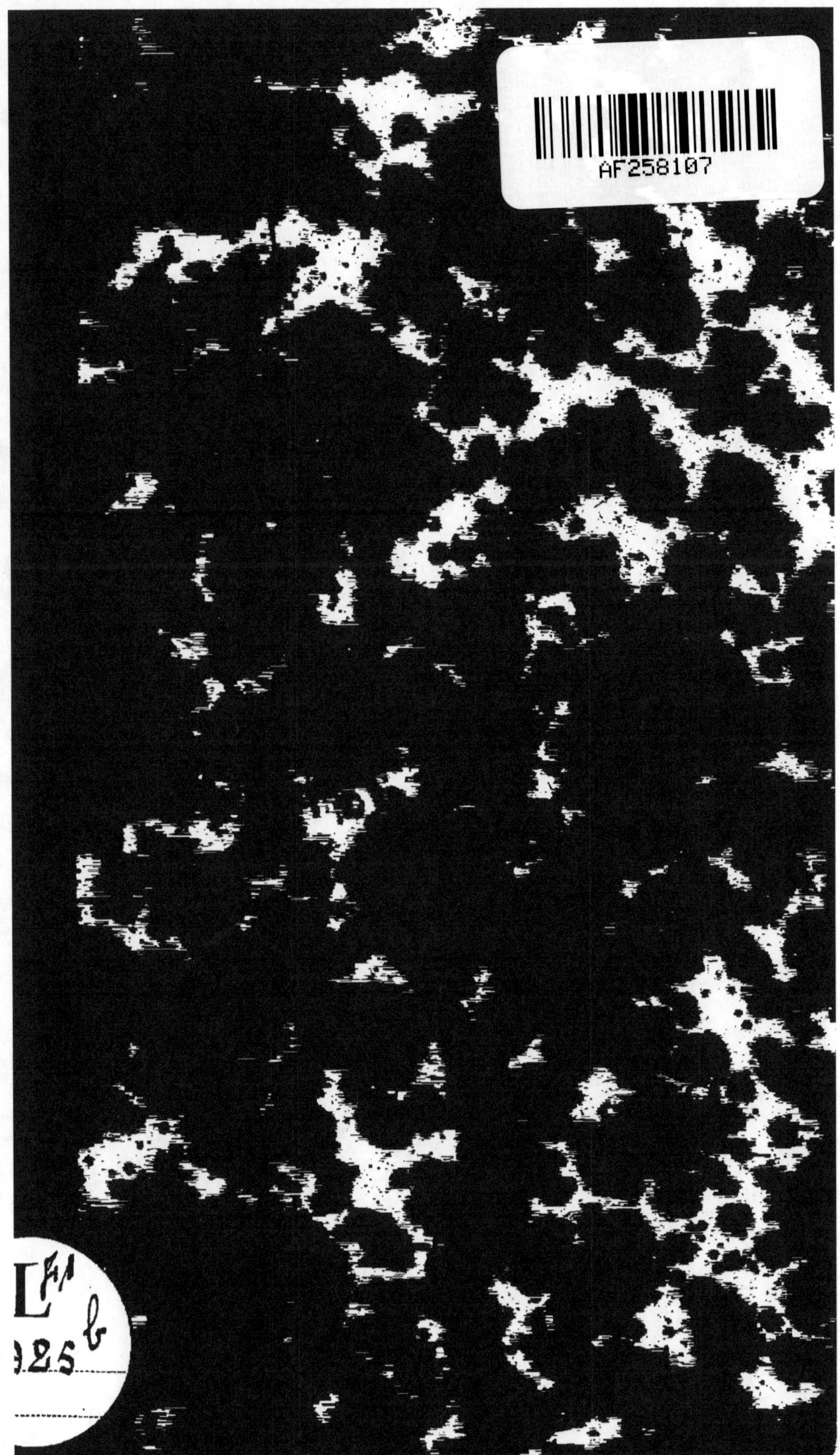
AF258107

A1
1925

SECONDE ADDITION

A LA DÉNONCIATION

PRÉSENTÉE

Contre DUPIN,

AU COMITÉ DE LÉGISLATION;

Par les Veuves et Enfans des ci-devant Fermiers généraux.

A PARIS,

CHEZ DU PONT IMPRIMEUR-LIBRAIRE,
rue de la Loi, N°. 1232.

L'AN III DE LA RÉPUBLIQUE.

SECONDE ADDITION

A LA DÉNONCIATION

PRÉSENTÉE

Contre DUPIN,

AU COMITÉ DE LÉGISLATION;

Par les Veuves et Enfans soussignés des ci-devant Fermiers généraux.

ON dit que *Dupin* se défend de son mieux contre la vérité qui le presse, contre sa conscience qui l'obsède, contre l'évidence de ses crimes qui le poursuit.

Il ose même annoncer dans les journaux qu'il se défendra devant le public; mais il demande du tems. Il espère, par cette annonce, retarder le rapport du comité et le jugement de la Convention nationale. Il espère dans les événemens que les dilapidateurs et les bourreaux de la France peuvent amener pendant ce retadr.

A 2

Qu'il ne se flatte point ! Aucun événement ne saurait le sauver. Les brigands audacieux ont souvent des complices : les brigands vils n'ont jamais de défenseurs : il faudrait qu'ils en trouvassent d'autres plus vils qu'eux-mêmes. *Dupin* sent, au fonds de son cœur, que cela ne se peut.

Il représente quelques quittances, quelques décharges de la trésorerie nationale pour différentes remises qu'il y a faites. Et en effet, quoiqu'étrangement stupide, il ne l'était point assez pour garder tout ce qu'il avait pris. Il fallait bien qu'il convînt d'avoir trouvé *quelque chose* dans la dépouille des fermiers généraux. Il ne pouvait, avec vraisemblance, tout soustraire aux véritables préposés de la Nation, dont il avait usurpé le ministère, en se faisant charger de l'inventaire et du procès verbal qui regardaient le département de Paris et le bureau du domaine, non pas les législateurs.

Il rejette cet abus de pouvoir sur le comité de sûreté générale, dont il n'a, dit-il, été que l'organe, et qui s'est fié à lui plus tôt qu'aux autorités constituées.

Mais, à quelque point que le comité de sûreté

générale fût alors immoral et tyrannique ,
comme il ne pouvait retirer aucun avantage
d'un changement dans la forme accoutumée,
et qui était suivie pour les biens de tous les
autres condamnés , il est impossible qu'il ait
songé à enlever, pour cette seule occasion , au
département et au bureau du domaine , leurs
fonctions ordinaires , s'il n'en eût été vivement
sollicité par *Dupin*.

Dupin seul pouvait imaginer la scandaleuse
mesure de prendre des dispositions pour l'inventaire et la succession des fermiers généraux,
avant même qu'ils eussent comparu au tribunal , et quand on devait affecter de croire que
l'événement de leur procès était incertain.

D'ailleurs, si le comité de sûreté générale
se fiait à *Dupin* , pourquoi *Dupin* n'a-t-il pas
justifié cette confiance ? Le délit en est plus
grave de l'avoir recherchée, demandée, et d'y
avoir manqué dans tous les points.

Le comité de sûreté générale avait-il ordonné
à *Dupin* de faire un inventaire incomplet, obs-
cur, sans détails ? de donner arbitrairement,
et sans description, une partie des effets ? de
s'en approprier une autre ? d'employer de *faux*

cachets? d'apposer de *faux scellés?* de *briser* un de ces *scellés?* de lever les autres, et de les rétablir, après s'être emparé de ce qu'ils renfermaient? de ne pas remettre à la trésorerie nationale, toutes les choses précieuses dont on le chargeait de reconnaître l'existence, et de faire le catalogue?

Les quittances ne cadrent point avec les objets décrits au procès-verbal.

Que ne doit-on pas penser de l'évidente et ridicule insuffisance de ce procès-verbal?

Qu'est-ce que cet acte informe, qui contient des déclarations du citoyen *Mollien*, ainsi que du citoyen *Nécard*, et qui n'est signé, ni de l'un, ni de l'autre? Tous deux n'ont-ils pas dû constater, par leur signature, leurs déclarations, et la remise des effets qu'on avait déposés entre leurs mains? Ne doit on pas juger qu'ils l'ont fait? N'a-t on pas lieu de croire que l'absence de leurs signatures, sur le procès-verbal qu'on représente, vient de ce que, le pillage s'étant étendu jusques sur les bijoux qui leur avaient été confiés, on aura supprimé le procès verbal véritable qu'ils avaient signé, et qu'on n'aura pas osé leur proposer de sanctionner par de nouvelles signatures, celui qu'on y a substitué, et les falsifications qu'on s'y est permises.

Que *Dupin* dise qu'il n'a pas échangé plusieurs meubles de ses victimes, des lits, des bibliothèques contre les siens qu'il y a substitués ; qu'il n'a pas porté et montré à ses amis, devant témoins, différens bijoux appartenans aux ci-devant fermiers généraux ; qu'il n'a pas fait enlever à son profit, ou à celui de tout autre, de nombreux paquets de mousselines, de velours, et d'autres marchandises provenant du dépôt du prohibé, etc, etc, etc, etc ! Qu'il le dise, et les preuves fondront sur sa tête ; il en sera écrasé. Nous nous sommes lassés de prolonger ce récit de bassesses, mais il est loin d'être complet. Les murs mêmes en parlent ; les hommes et les choses sont témoins.

Dupin, qui faisait à ses coopérateurs leur part de la proie, persuadera t-il qu'il ait négligé la sienne ? Lui, qui distribuait aux membres *faussaires* du comité révolutionnaire de la Halle-au-Bled, ce qui pouvait leur convenir, n'aurait rien trouvé à sa convenance ! Il peut le dire, et ne sera pas

cru ; car il oublie qu'il a effrontément tiré va-
nité de ce qu'il avait trouvé, de ce qu'il avait
donné, de ce qu'il avait pris, de ce qu'il con-
servait avec soin comme des titres d'une odieuse
gloire. *Villate* a rapporté et fait-imprimer quelques traits de cette insolente et honteuse im-
prudence ; et *Villate* n'est pas le seul compa-
gnon des orgies de *Dupin* qui en ait conservé
le souvenir. Lorsque *Dupin* parle de se défen-
dre, il ne pense pas à cette multitude de faits
qui l'entourent comme un filet. Tout criminel est sans mémoire ; et lui plus que tout autre, parce qu'il est plus criminel.

Il veut répondre en public, dit-il. Qu'il n'en
fasse pas à deux fois ; qu'il réponde à tout
cela !

Qu'il dise aussi ce que sont devenus le porte-
feuille du citoyen *Saint-Amand* et celui du
citoyen *Didelot*, mentionnés en son procès-
verbal. Qu'il dise qui a *brisé le scellé* du porte-
feuille dans lequel il avait enfermé des louis
et des assignats. Qu'il représente un procès-
verbal d'ouverture de ce porte-feuille devant
une autorité constituée. Qu'il dise où sont
passés les *papiers intéressans* qu'il devait *dé-
poser à la trésorerie*, et qu'il avait mis sous un

second *scellé*. Qu'il dise quel filou s'est approprié les autres *billets précieux* qu'il avait clos et scellés dans le troisième porte-feuille. Qu'il explique comment ces *papiers*, ces *billets* ont pu sortir des deux porte-feuilles, et les scellés se retrouver entiers, autrement que par l'usage des *faux cachets*, que son ami *Fleury* lui a renvoyés, pour obéir à l'injonction des commissaires du bureau du domaine. Qu'il rende compte des promenades étranges qu'il a fait faire aux porte-feuilles après les avoir ouverts et spoliés, après que deux d'entre eux ont été refermés et scellés de nouveau du *faux scellé* dont il disposait.

Nous allons l'aider sur ce dernier point.

Abusant du caractère de *Représentant du peuple*, il a forcé, à ce titre imposant, un garçon de bureau de lui ouvrir la porte du cabinet du citoyen *Laumond*, membre de la commission des revenus nationaux; et, en l'absence du propriétaire, il a mis sur le bureau de ce cabinet les quatre porte-feuilles déjà pillés: semblable aux voleurs de mouchoirs qui, après avoir retiré l'or d'une bourse qu'ils ont prise, la jettent dans la boutique du premier marchand.

Le citoyen *Laumond*, qui ne pouvait être dépositaire d'effets que le bureau du domaine avait seul droit de recevoir, et qui pouvait encore moins être constitué dépositaire en son absence, malgré lui, sans savoir de quoi, sans procès-verbal descriptif, a senti le piége, et a long-tems sommé vainement *Dupin* de retirer de chez lui ce dépôt illégal et frauduleux.

Nous joignons ici la déclaration de ce citoyen compromis et outragé.

C'est ainsi que tous les mouvemens de *Dupin* font exhaler autour de lui l'odeur du crime.

Mais, quand aucun de ceux dont nous remuons à regret le cloaque ne serait aussi constaté qu'ils sont tous évidens, est il donc absolument nécessaire d'être *faussaire* et *voleur* pour ne pouvoir siéger dans la Convention nationale? La qualité d'*assassin* ne suffit-elle pas pour être compris dans l'épuration, pour être livré à la punition?

C'est celle là qui déchire nos cœurs. Eh! que nous importent quelques richesses méprisables! Il a versé le sang de nos parens, de nos époux, de nos pères. Il a plongé dans des

larmes intarissables le reste de notre vie. Voilà
le forfait qu'il doit expier.

Il a trompé la Convention nationale. Il lui a
surpris un décret qui était *le tocsin de la mort*,
d'une mort injuste (Motion de *Dupin*, page 10).
Il a conduit ses bienfaiteurs à l'échafaud. Il les
y a menés par la main. Il a eu hâte qu'ils y
arrivassent. Il a rédigé l'acte d'accusation dont
il connaissait l'iniquité. Cet acte est une copie
de son rapport. Il est daté du même jour, 16
floréal : et ce rapport n'avait été fini qu'à plus
de quatre heures après midi. Et *Fouquier*
n'aurait pu en avoir connaissance, si *Dupin*
n'eût couru à l'instant le lui communiquer.
La Convention n'a renvoyé au tribunal, ni le
rapport, ni le décret que deux jours après.
Quel autre pouvoir que celui de sa perversité
poussait *Dupin* à cette abominable diligence?
Ceux même qu'il accuse de lui avoir com-
mandé *l'assassinat*, étaient moins pressés que
lui de le consommer.

Ah ! du moins que la Convention indignée
venge le malheur d'avoir été entraînée à y
prendre part, la douleur d'avoir été séduite
un moment par les artifices de *Dupin*, en
livrant ce lâche scélérat à la vengeance des

loix, comme il s'est livré lui-même à l'exé-
cration des hommes !

Signés *les mêmes* veuves *et* enfans *qui
ont signé la première dénonciation.*

PIÈCE JUSTIFICATIVE.

DÉCLARATION DU CITOYEN LAUMOND.

JE déclare que vers la fin du mois de floréal ou de prairial de l'an second, m'étant absenté de mon cabinet pour affaire, à mon retour, le citoyen *Vatinelle*, mon garçon de bureau, me dit que le citoyen DUPIN, accompagné de deux autres citoyens, s'était présenté chez moi (à l'administration des revenus nationaux); qu'il s'était fait ouvrir la porte de mon cabinet, et qu'il y avait déposé quatre grands porte-feuilles; que sur l'observation faite par *Vatinelle*, que ce dépôt ne devait pas avoir lieu pendant mon absence; le citoyen DUPIN lui avait répondu qu'il était *Représentant du peuple*, et qu'il m'expliquerait ce que c'était.

Je déclare que je trouvai effectivement quatre porte-feuilles de bureau, dont DEUX *étaient ouverts et paraissaient vuides*, et DEUX étaient cachetés et *scellés*; que je les déposai dans une armoire doublée de fer, voisine de mon cabinet; que j'écrivis sur-le-champ au citoyen DUPIN, pour l'inviter à revenir prendre ce dépôt forcé; que, n'en ayant pas reçu de réponse, j'allai chez lui le lendemain;

qu'il me promit de revenir à la commission le jour suivant, ce qu'il ne fit pas ; que je réiterai mes invitations à differentes reprises, tant par écrit que verbalement, en lui observant que *ce n'était point à la commission des revenus nationaux à recevoir ces effets*, que le dépôt inutile au fonds, était irrégulier dans la forme.

Je déclare, enfin, que ce ne fut que vers le milieu du mois de frimaire an troisième, qu'après en avoir conféré avec mes collègues, je déterminai le citoyen Dupin à les reprendre, ce qu'il fit en présence dudit *Vatinelle*, qui les avait reçus de lui, et qui les reporta chez le citoyen Dupin, rue Helvétius.

J'atteste la déclaration ci-dessus exacte et con-forme à la vérité.

Paris, le 9 thermidor, an troisième de la République.

Signé, LAUMOND.

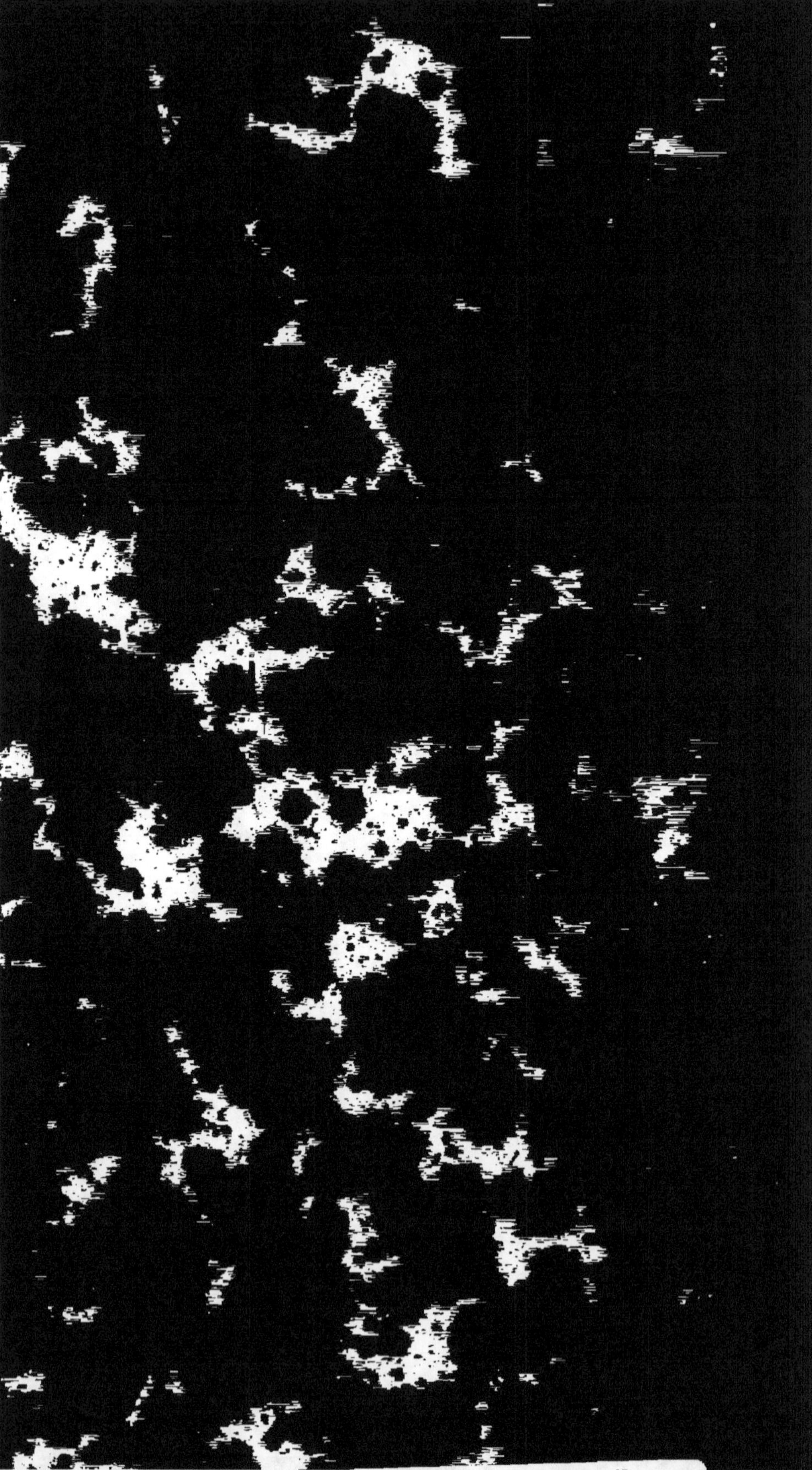